NOTIONS

D'HISTOIRE ET DE GÉOGRAPHIE

ATLAS

CARTES

1. Europe avant l'invasion des Barbares.
2. Europe au temps de Clovis.
3. Europe et empire des Arabes vers le milieu du VIIIe siècle.
4. Empire des Francs sous Charlemagne.
5. Europe à l'époque des croisades.
6. Europe à l'époque de l'invasion des Turcs en 1453.
7. Europe à l'époque de Henri IV.
8. France sous Louis XIV.
9. Europe à l'avénement de Louis XVI.
10. Colonies européennes en 1783.

Le *texte* qui forme un volume in-8 se vend séparément : 5 fr.

DE L'IMPRIMERIE DE CRAPELET, RUE DE VAUGIRARD, 9.

NOTIONS
D'HISTOIRE ET DE GÉOGRAPHIE

EXIGÉES

POUR L'ADMISSION A L'ÉCOLE POLYTECHNIQUE

OUVRAGE

RÉDIGÉ D'APRÈS LE PROGRAMME OFFICIEL

PAR

E. BROCHARD-DAUTEUILLE

ANCIEN ÉLÈVE DE L'ÉCOLE NORMALE SUPÉRIEURE, AGRÉGÉ D'HISTOIRE

ATLAS

PARIS

LIBRAIRIE DE L. HACHETTE ET Cie

RUE PIERRE-SARRAZIN, Nº 14

(Près de l'École de Médecine)

1851

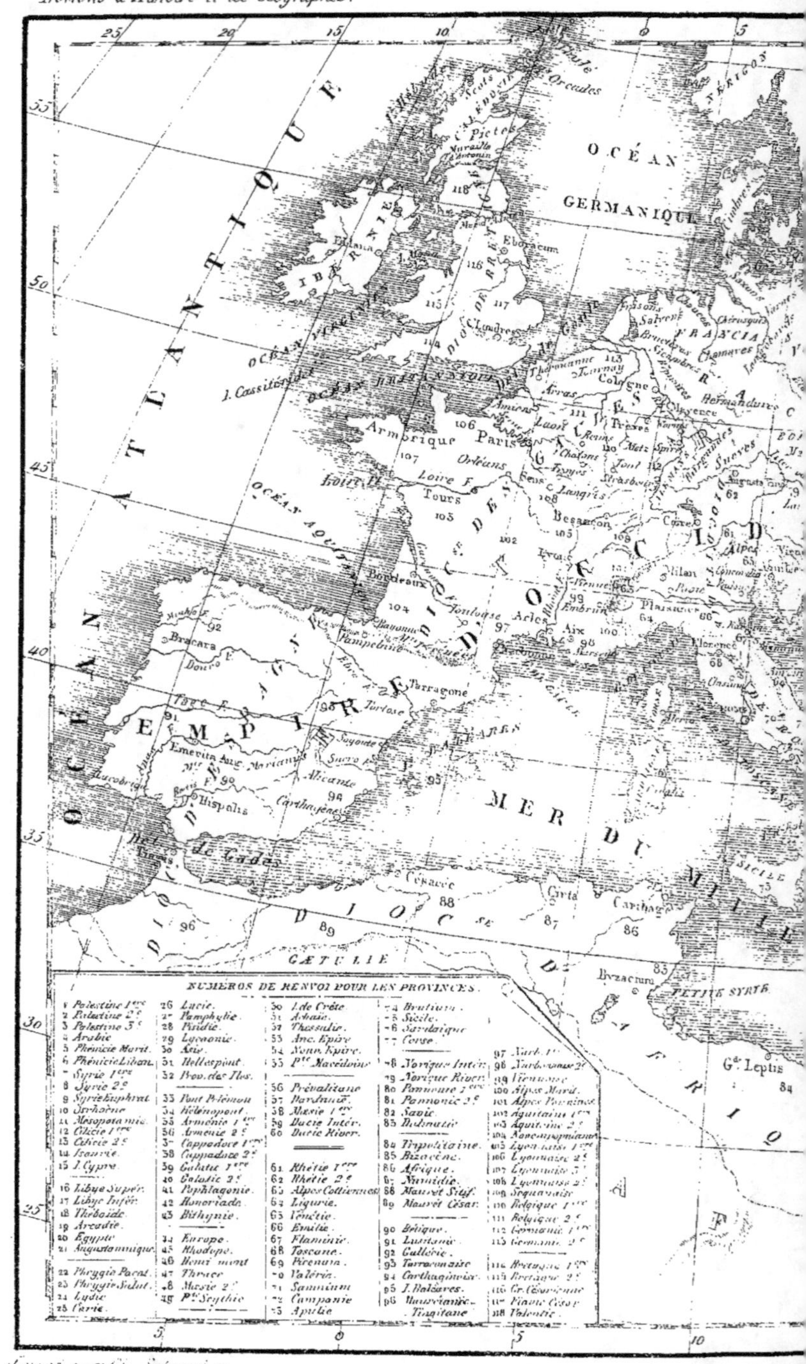

Librairie de

NATIONS FINNIQUES

BORUSCES

RACE SLAVE

Roxolans

GOTHS

NATION DES HUNS

ALAINS

HÉRULES

WISIGOTHS

EMPIRE DES GOTHS

PONT EUXIN

Mont Caucase

Rme DE GÉORGIE

ROYme D'ARMÉNIE

EMPIRE D'ORIENT

EMPIRE DES SASSANIDES

MER INTÉRIEURE

Rme DE HIRA

Cyrène

Alexandrie

Memphis

Héliopolis

Thèbes

ÉTHIOPIE

Echelles
Milles Romains.
Lieues de France.

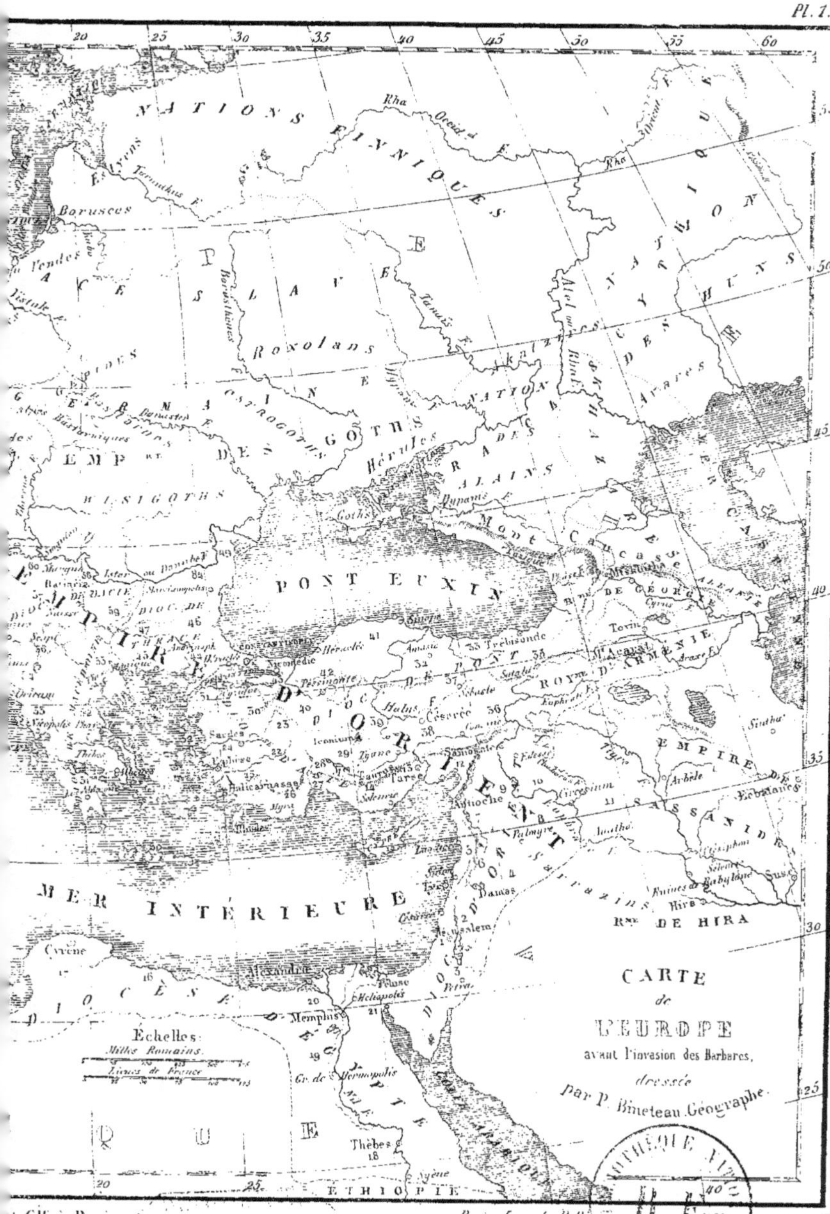

CARTE
de
L'EUROPE
avant l'invasion des Barbares
dressée
Par P. Bineteau Géographe.

à Cie à Paris.

Paris. Imp. de P. Bineteau, Rue de l'Obéyrance, 6.

CARTE
de
L'EUROPE
AU TEMPS DE CLOVIS.
dressée
par P. Bineteau, Géographe.
OCÉAN ATLANTIQUE
OCÉAN SEPTENTRIONAL
SCANDINAVIE
i. Thulé
i.s Orcades
HIBERNIE
SAXONS
Goths
DES BRETONS
Londres
Saxons
Varins
I.s Cassitérides
OCÉAN BRITANNIQUE
Térouanne
Tournai
Colog.ne
Ripuariens
Scheidungen
Amiens
Soissons
Laon
Mayence
BOHÊME
Paris
Reims
FRANCS
OCÉAN APERTAMEN.que
Bordeaux
Orléans
Loire F.
Nantes
Tours
Châlons
Troyes
Worms
GAULE
Poitiers
Alemans
Danube
Bavarois
NORIQUE
Braga
Léon
Douro F.
Bordeaux
Garonne F.
Lyon
Vienne
OSTROGOTHS
Ségovie
Tage F.
Tolède
ROY. DES
ESPAGNE
Toulouse
Avignon
Arles
Valence
Marseille
Ravenne
Èbre F.
Barcelone
MER DE TOSCANE
Florence
Corse
Rome
Cordoue
Sucre F.
Alicante
Carthagène
BALÉARES
SARDAIGNE
Naples
Détroit d'Hercule
MER
SICILE
ROY. DES VANDALES
Césarée
Constantine
Hippone
Mt. Papua
Adrumette
DES
GÉTULIE
AFRIQUE
Échelles:
Lieues de France de 25 au Degré.
30   60   90   120   150
Milles Romains de 75 au Degré.
75   150   300   450
Stades Olympiques de 600 au Degré.
500   1000   2000   3000   4000

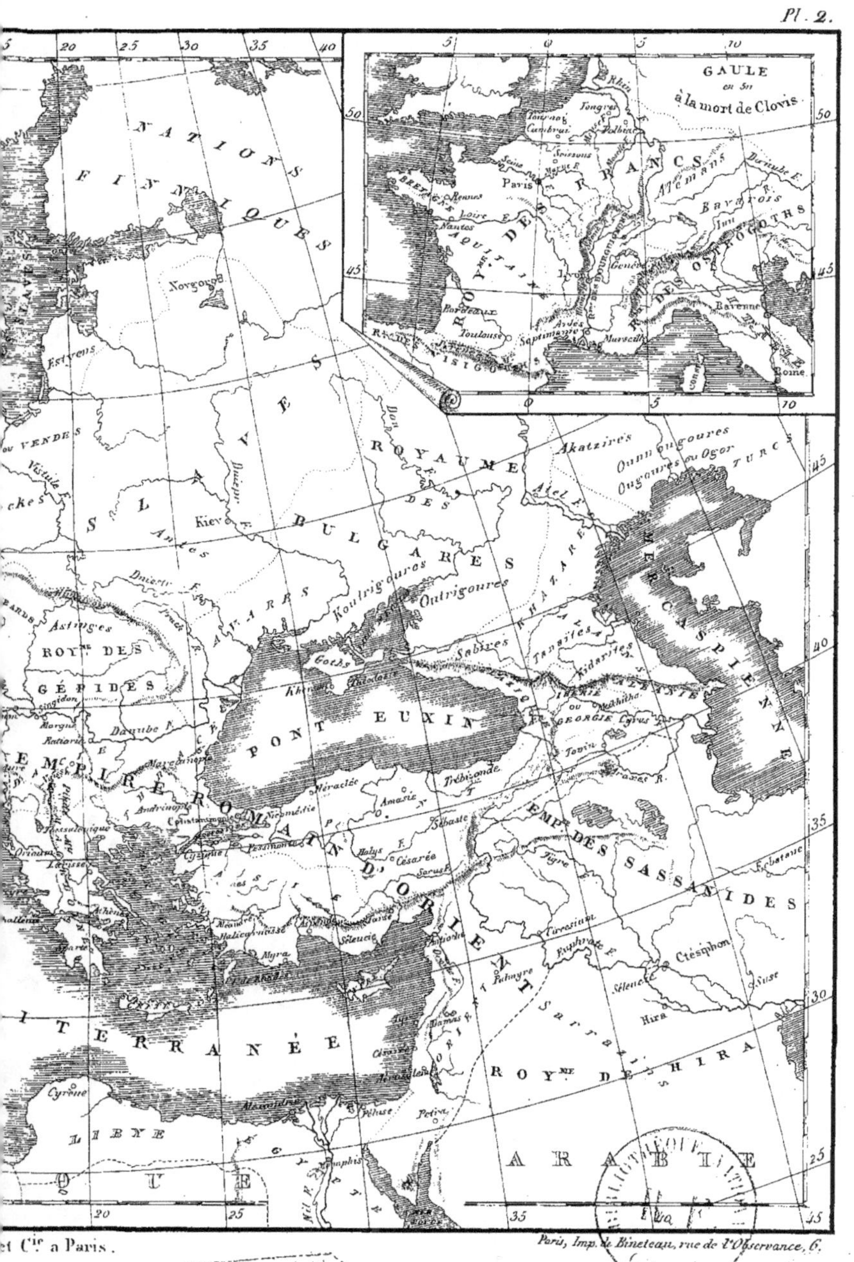

Paris, Imp. de Bineteau, rue de l'Observance, 6.
et Cie a Paris.

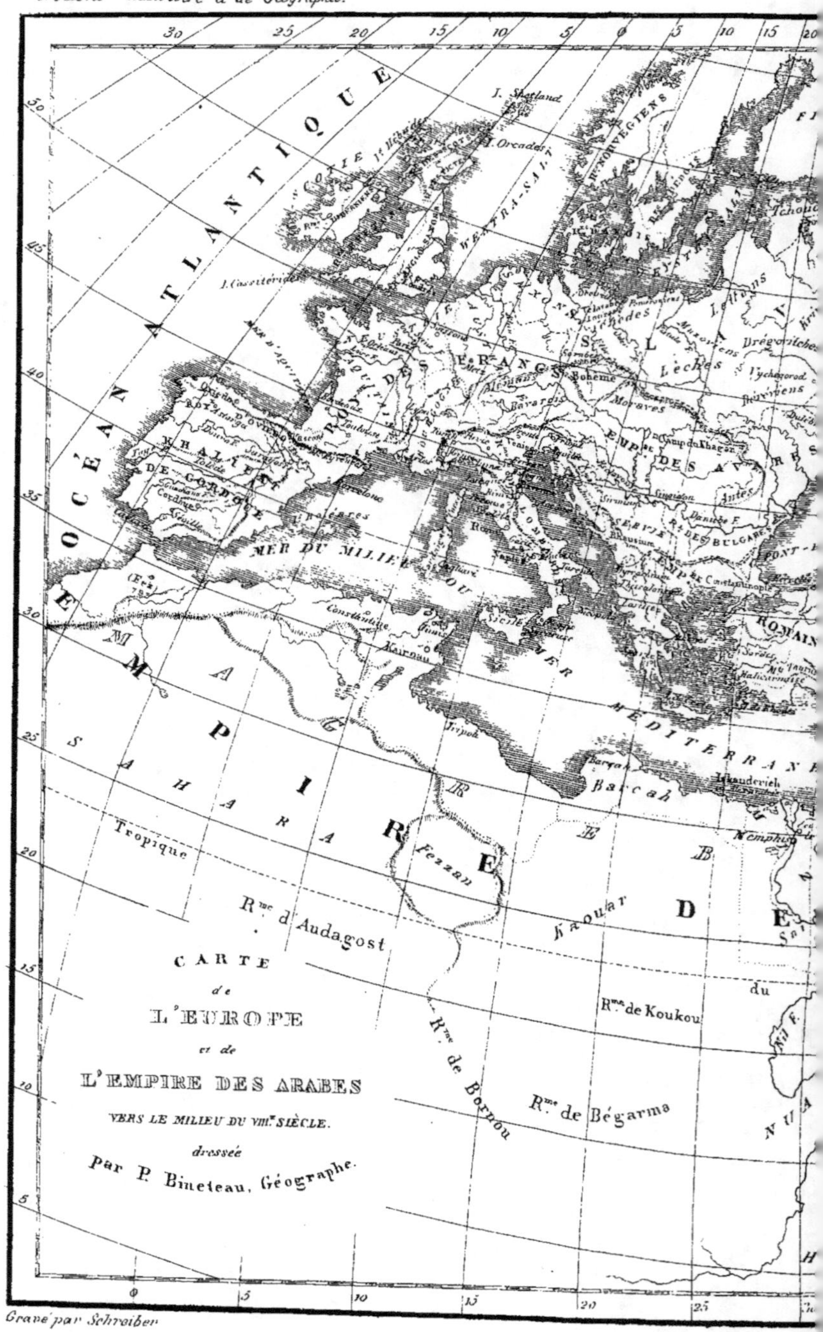

Gravé par Schreiber

Pl. 3.
Échelles:
Lieues communes de France.
30   100   150   200
Milles Romains.
150   300   450   600
Stades Olympiques.
1000   2000   3000   4000
OU PERMIE
OCCIDENTAUX
OR
OU
OU
ORIENTAUX
EMP.re DES THANG OU CHINOIS
Oigonr
KHAZARES
Balangiar
Petchenègues
Turkestan
Jaxartes F.
Mons Celestes
MAVARENNAHAR
ou
TRANSOXIANE
Fergannh
Boukhara
Samarkand
Kharism
Balkh
Belor Mts.
Mons TBOU-FAN
ou
DÉPAINS
CASPIENNE
Dahistan
Hérat
Gange F.
Armenie
Adarbaidjen
Khorassan
Multan
Tiflis
Diarbekir
Edesse
Kurdistan
Irak
Adjemi
Bagdad
Ispahan
Khouzistan
Sedjestan
Bassora
Kerman
Farsistan
Laristan
Mekran
Nadjed. El Kasim
Cancer
Medine
La Mecque
MER ROUGE
YEMEN
Hadramaout
Mahrah
MER VERTE
Sanaa
Moka
I. Socotora
Det. de Bab-el-Mandeb
Berbera
ARABIE
Lith. de P. Bineleau, rue de l'Observance, 6, Paris.

OCÉAN ATLANTIQUE
MER SEPTENTe (MER DU NORD)
LA MANCHE
MER D'ESPAGNE
MER DU MIDI
ILES BALÉARES
ROY. DE MERSIE
ROY. DE WESSEX
BRETAGNE
NEUSTRIE
AUSTRASIE
AQUITAINE
BOURGOGNE
SEPTIMANIE
PROVENCE
R. D'OVIEDO
KHALIFAT DE CORDOUE
NAVARRE
HIBERNIENS
Dublin
York
Lincoln
Chester
Derby
Nottingham
Stafford
Leicester
Hereford
Worcester
Gloucester
Oxford
Buckingham
Cambridge
Ipswich
Norwich
Londres
Winchester
Exeter
Dorchester
Chichester
Launceston
Wight
J. Scilly
Bayeux
Rouen
Coutances
Avranches
Séez
Paris
Soissons
Reims
Attigny
Thionville
Trèves
Rennes
Vannes
Angers
Le Mans
Orléans
Troyes
Langres
Nantes
Tours
Loches
Bourges
Nevers
Poitiers
Chantelle
Clermont
Lyon
Genève
Châlon
Angoulême
Bordeaux
Dordogne R.
Bazas
Agen
Rodez
Alby
Toulouse
Nîmes
Arles
Marseille
Narbonne
Roussillon
Elne
Gironde
Gascogne
Roncevaux
Pampelune
Huesca
Saragosse
Barcelone
Tortose
Lérida
Oviedo
Léon
Burgos
Zamora
Douro F.
Tage F.
Tolède
Guadiana F.
Valence
Jucar F.
Majorque
Minorque
Palma
Ivice
CARTE
de
L'EMPe DES FRANCS
sous
CHARLEMAGNE
dressée
Par P. Bineteau Géographe.
Gravé par Schreiber
Librairie de L.

Pl. 4.
Echelles
Lieues communes de France.
Lieues Gauloises.
Milles Romains.
MER DES SLAVES
Obotrites
Nord
Albingiens
Ostphaliens
Wilziens Velatabes ou Lutizes
Poméraniens
PEUPLES
WENDES
Prussiens
Vistule
Brême
Verden
Elbe
Warthe R.
Oder
PEUPLES SLAVES
ou Polonais
Marche du Nord
THURINGE
SORABES
Silésiens
Vistule
Bohèmes ou Tchèkhes
Monts Carpathes
Francfort
ROYAUME DES
MORAVES
HONGROIS
NORDGAU
Ratisbonne
TRIBUTAIRES
Ingolstadt
Augsbourg
BAVIÈRE
PANNIE
Vienne
EMPIRE
Marche Orientale
Raab
Bude
DES
CARINTHIE
Frioul
DES AVARES
AVARES
Trente
Venise
Milan
LOMBARDIE
Vérone
ESCLAVONIE
Danube
CROATIE
R. DES BULGARES
DUCHÉ DE DALMATIE
SERVIE
Ravenne
Bologne
MER
Marche d'Ancône
EMP. GREC
Florence
Ariano
D'ITALIE
ADRIATIQUE
ou
Clusium
Spolète
Rome
Otrante
D'ORIENT
Bénévent
Bari
Naples
DUCHÉ DE BÉNÉVENT
Otrante
MER MÉDITERRANÉE
Cosenza
MER
IONIENNE

Echelles
Milles Romains
0   50   100   200   300
Myriamètres
0   10   20   30   40
Marche des Croisés.
1re Croisade (1096) Pierre l'Ermite, Godefroy de Bouillon, etc.
2e Croisade (1147) Louis VII.
3e Croisade (1189) Phil. Aug. Fred. Barberousse et Richard Cœur de Lion.
4e Croisade (1202) Boniface de Montferrat et Baudouin.
5e Croisade (1217) André de Hongrie.
6e Croisade (1228) Frédéric II.
7e Croisade (1248) St Louis.
8e Croisade (1270) Idem.

Pl. 5.
CARTE
de
L'EUROPE
à l'Époque des Croisades
dressée
par P. Bineteau Géographe.
MER BALTIQUE
MER DE SUÈDE
Finlande
Ingres
Novgorod
Tchoudes
Bekou
Livoniens
Lettigalès
Slavimes
Polotzk
Polotchanes
LITHUANIE
Kowno
Swolensk
Kourak
Khvalisses
PRUSSE
Danzig
Nemnowie
D[t] de Poméranie
Gesne
Plotzk
Jotvingers
Minsk
Dregovizes
Touroy
Khazares
ROYme DE POLOGNE
Breslau
Vladimir
Tchernigov
Perejaslav
GRAND DUCHÉ DE RUSSIE
Galitsch
UZES OU POLOVTZES
Tabdes
Laziques
ROYme DE HONGRIE
Presbourg
Bude
Khazares
Tmutarakan
Bosnie
VALAQUES et COMANS
Kherson
PONT EUXIN ou MER NOIRE
ROYme DE SERVIE
BULGARES
Silistri
Amp. de Trebizonde
Triaditza
Philippopolis
EMPIRE
Durazzo
Salonique
ÉTATS TURCS
Constantine
Kaisarieh
MER IONIENNE
Lepante
Antioche
Corinthe
EDESSE
Antioche
MÉDITERRANÉE
Durac
ROYme DE DAMAS
EGYPTE
Giarh
Memphis
MAGREB
et Cie à Paris.
Gravé par Delermes

OCÉAN ATLANTIQUE
MER DU NORD
MER DE NORWÈGE
ROY. DE DANEMARK
EMP. D'ALLEMAGNE
ROY. D'ÉCOSSE
ANGLETERRE
Édimbourg
York
Londres
Canterbury
ROY. DE FRANCE
Paris
Orléans
Rennes
Nantes
Bordeaux
Toulouse
Lyon
Marseille
Avignon
SUISSE
ROY. DE PORTUGAL
Lisbonne
ROY. DE CASTILLE
ROY. DE LÉON
ROY. D'ARAGON
Barcelone
Tolède
Cordoue
Séville
ROY. DE GRENADE
Grenade
Majorque
Minorque
MAROC
DE Les Mérinides
Fez
Tlemcen
ROY. DE TLEMCEN
sous les Zianides
Bougie
Tunis
ROY. DE TUNIS
Tripoli
MER
CARTE
de
L'EUROPE
A L'ÉPOQUE DE L'INVASION DES TURCS,
en 1453
dressée
par P. Bineteau, Géographe.

Pl. 6.
FINLANDE
GOLFE DE FINLANDE
MOSCOVIE
GRAND DUCHÉ DE MOSCOVIE
Stockolm
SUEDE
Esthonie
Dorpat
Novgorod
RÉP. DE NOVGOROD
Pskov
Volga
Kostroma
Nijnii Novgorod
Kazan
Bolghar
Tver
Moscou
Wiazma
Riazan
Smolensk
Minsk
Mstislaw
Starodoub
Troubtchewsk
Champ de Koulikov
HORDE OU EMP.xe
Kiev
Novgorod Sieverskoi
Don
KAPTSCHAK
ORDRE TEUTONIQUE
Königsberg
Samogitie
Kiernov
Grodno
Varsovie
Brzese
GRAND DUCHÉ DE LITHUANIE
Kremenetz
Vladimir
ROY. DE POLOGNE
Cracovie
Zator
Belavêche
Volga
Astrakan
Serai
MER DE BAKOU
Galitsch
Kamenetz
Choczim
MOLDAVIE
Azov
MER D'AZOV
Kouban F.
Mt. Caucase
HONGRIE
ROY. DE HONGRIE
VALACHIE
Bukharest
Silistra
Krim
Caffa
Theodosie
Phase
Gori
Tiflis
EMPIRE
Nicopoli
Triaditza
Sophia
Philippopole
Andrinople
MER NOIRE
Sinope
Trebizonde
Erzrum
Abasie
Keniakle
Van
Constantinople
Chrysopolis
Tokat
OTTOMAN
Brousse
Malathia
Amid
Merdin
Mossoul
Kutahieh
Karahissar
Kaiserieh
Konieh
Adana
Rohu
Smyrne
Ephèse
Tarse
Antioche
Hamah
Euphrate
Rhodes
Baruou
Balbek
Tripoli
MÉDITERRANÉE
Jerusalem
S. Jean d'Acre
Echelles
Myriamètres
Milles Romains
Lieues communes de 25 au degré
EGYPTE
Le Caire
Alexandrie

Cie a Paris.
Gravé par L. Pau

CARTE
DE L'EUROPE
à la Mort de Henri IV.
dressée
Par P. Bineteau Géographe
OCÉAN
Cercle Polaire Arctique
ISLANDE
I. Faröer
I. Shetland
I. Orcades
MER DU NORD
ROYme DE DANEMARK
NORVÈGE
ÎLES BRITANNIQUES
Hébrides
ÉCOSSE
Édimbourg
ANGLETERRE
Dublin
Londres
Canal de Bristol
LA MANCHE
OCÉAN ATLANTIQUE
PAYS BAS
Provces Unies
Westphalie
Hesse
Rouen
Verdun
Toul
Metz
SAXE
ALLEMAGNE
Berlin
Rennes
Paris
Orléans
Nantes
Loire F.
Dijon
Chalon
FRANCE
Lyon
SUISSE
Berne
Milan
Venise
MER DE FRANCE
(Golfe de Gascogne)
Dordogne F.
Bordeaux
Garonne F.
Pau
Toulouse
Perpignan
Pyrénées
Avignon
Marseille
C. Finisterre
Minho F.
Douro F.
ESPAGNE
Èbre F.
Saragosse
Barcelonne
Lisbonne
PORTUGAL
Madrid
C. St Vincent
Guadiana F.
Guadalquivir
Cordoue
Valence
Murcie
Îles Baléares
Minorque
Majorque
Séville
MER
Dét. de Gibraltar
Tanger
Melilla
Peñon de Velez
Oran
AFRIQUE
Rome
Naples
États du Pape
Mer Tyrrhénienne
SICILE
MÉDITERRANÉE

Pl. 7.
OCÉAN ARCTIQUE
Laponie
Finlande
MOSCOVIE OU RUSSIE
Moscou
Novgorod
Riazan
Kiev
Léopold
Cracovie
Vilna
Moldavie
Transylvanie
Valachie
Servie
Bulgarie
Andrinople
Roumélie
Constantinople
Brousse
Dardanelles
Smyrne
Konich
Rhodes
MER NOIRE
Azov
Astrakan
Kabarda
Caucase
Trébisonde
MER CASPIENNE
Oural F.
Volga F.
Don F.
OTTOMAN
MÉDITERRANÉE
ANGLETERRE
LA MANCHE
ALLEMAGNE
PAYS BAS
Bruxelles
Luxembourg
Metz
Paris
Amiens
Rouen
Normandie
Orléans
Bordeaux
Toulouse
La Rochelle
Poitiers
Angoulême
FRANCE
divisée
EN SES XII
GOUVERNEMENTS
ESPAGNE
Echelles.
Kilomètres.
Milles Géographiques.
Lieues communes de France.
Myriamètres.

CARTE
de la
FRANCE
SOUS LOUIS XIV.
dressée
par P. Bineteau, Géographe.
Échelles:
Lieues de France.
Milles d'Allemagne.
Milles Géographiques.
ANGLETERRE
LA MANCHE
OCÉAN
ESPAGNE
Londres
Rochester
Douvres
Calais
Dieppe
Rouen
Paris
Versailles
Chartres
Orléans
Bordeaux
Bayonne
Toulouse
Perpignan
Marseille

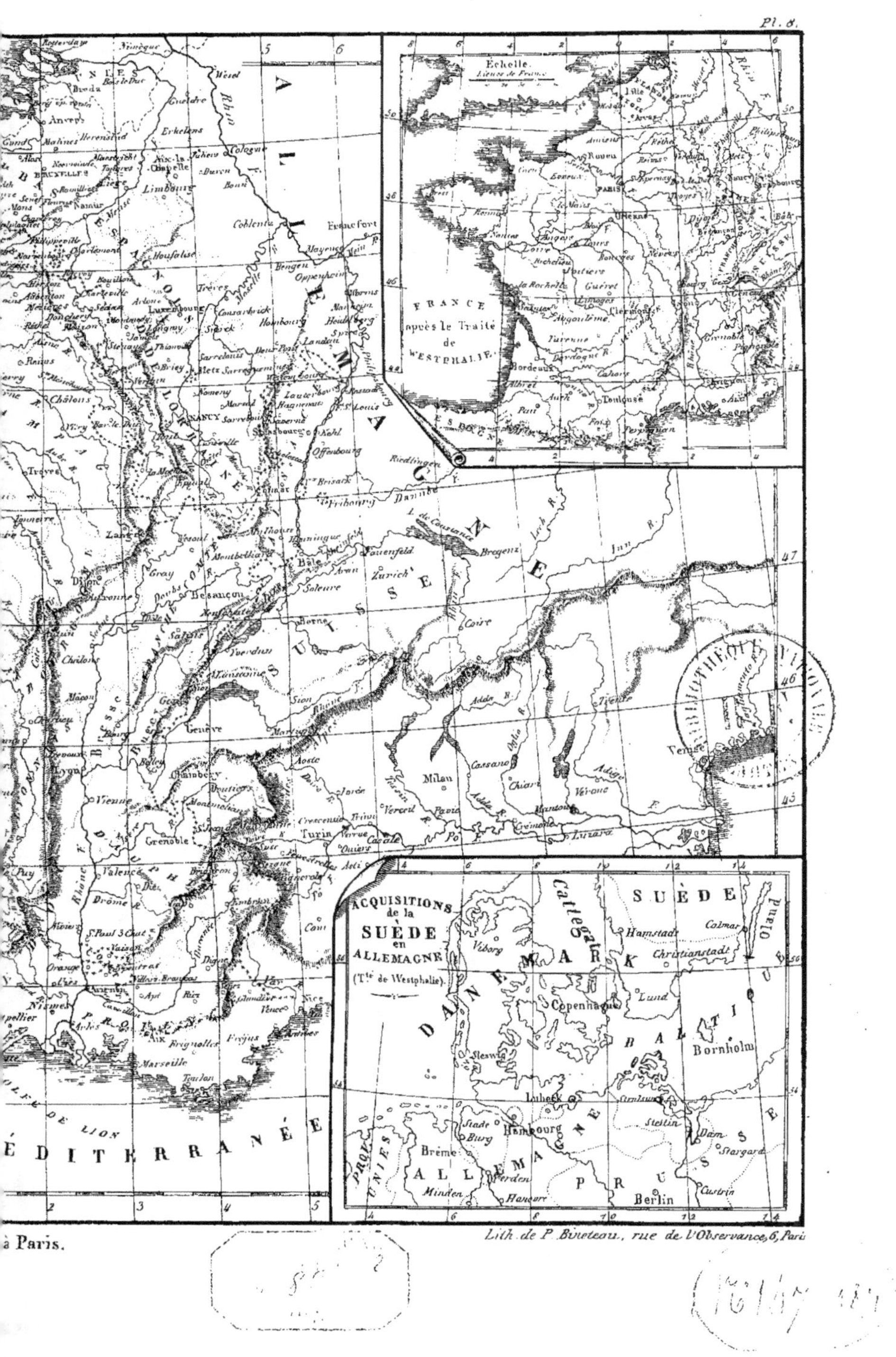
Echelle.
Lieues de France.
FRANCE après le Traité de WESTPHALIE.
ALLEMAGNE
SUISSE
LORRAINE
MÉDITERRANÉE
GOLFE DE LION
Rotterdam
Anvers
Cologne
Limbourg
Coblentz
Francfort
Mayence
Trèves
Metz
NANCY
Strasbourg
Bâle
Zurich
Berne
Genève
Lyon
Dijon
Besançon
Chambery
Grenoble
Valence
Turin
Milan
Vérone
Venise
Marseille
Toulon
Nîmes
Bordeaux
Toulouse
Perpignan
PARIS
Rouen
Reims
Orléans
Limoges
ACQUISITIONS de la SUÈDE en ALLEMAGNE (T.ie de Westphalie).
SUÈDE
DANEMARK
Cattégat
Copenhague
Lund
Bornholm
Hambourg
Brème
Lubeck
Stettin
Berlin
ALLEMAGNE
PRUSSE
BALTIQUE
Christianstadt
Viborg
Sleswig

CARTE

DE L'EUROPE
à l'Avènement de Louis XVI,
dressée
Par P. Bineteau Géographe

OCÉAN

Cercle Polaire Arctique

ISLANDE

I. Feroer

I. Shetland

I. Orcades

ILES BRITANNIQUES

Hébrides

MER DU NORD

ROY.me DE DANEMARK

Edimbourg

Londres

Calais

OCÉAN ATLANTIQUE

ANGLETERRE

ALLEMAGNE

Berlin

Minden

Francfort

Paris

Rouen

Orléans

Nantes

Berne

SUISSE

Lyon

Munich

MER DE FRANCE

Golfe de Gascogne

Bordeaux

Toulouse

FRANCE

Marseille

Avignon

Milan

Venise

ÉTATS DE SAVOIE

Gênes

C. Finisterre

Madrid

S.t Léon

Lisbonne

PORTUGAL

Tage F.

ESPAGNE

Barcelone

Valence

Iles Baléares

C. S.t Vincent

Séville

Carthagène

Grenade

Dét. de Gibraltar

AFRIQUE

MER MÉDITERRANÉE

Gravé p. Ch. Schreiber

Librairie

OCÉAN GLACIAL ARCTIQUE
C. Nord
Vardöe
Namakyn
Kattyonet
SUÈDE
Finlande
Suomi
Aho
Helsingfors
Néva
S.t Petersbourg
Novgorod
M.t Valdai
Courlande
Revel
Niemen
Duna
Polosk
Königsberg
Vilna
Mohilev
Smolensk
Vistule
Varsovie
Moscou
Riasan
RUSSIE
Kazan
Orenbourg
Volga F.
Don F.
Dnieper F.
Kiev
Poltava
Astrakan
Nlle Russie
Azov
Kherson
Kouban F.
Circassie
Terek F.
Terki
Crimée
Caucase
MER CASPIENNE
Oural F.
Volga F.
MOLDAVIE
Transylvanie
Klausenbourg
Bukharest
Valachie
Bosnie
Bulgarie
Sophie
Roumélie
MER NOIRE
Trébisonde
Constantinople
Brousse
OTTOMAN
Koniah
Antioch
MÉDITERRANÉE

L. des Bois
L. Supérieur
CANADA
Québec
F.t S.t Laurent
Mississipi
L. Michigan
L. Huron
TERRE DES SIX NATIONS
L. Ontario
L. Érié
Pensylvanie
N.le York
Nouv. Angleterre
Boston
Philadelphie
Annapolis
Virginie
Richmond
Ohio
Carolines
Charleston
OCÉAN ATLANTIQUE
(MER DU NORD)
Arkansas R.
LOUISIANE
R. Rouge
MEXIQUE
N. Orléans
Floride
G. du Mexique
ÉTATS-UNIS
avant la guerre
de l'Indépendance

Echelles.
Kilomètres.
0   200   400   600   800   1.000
Milles Géographiques.
0   60   120   180   240   360   480
Lieues communes de France.
0   25   50   75   100   150   200
Myriamètres.
0   20   40   60   80   100

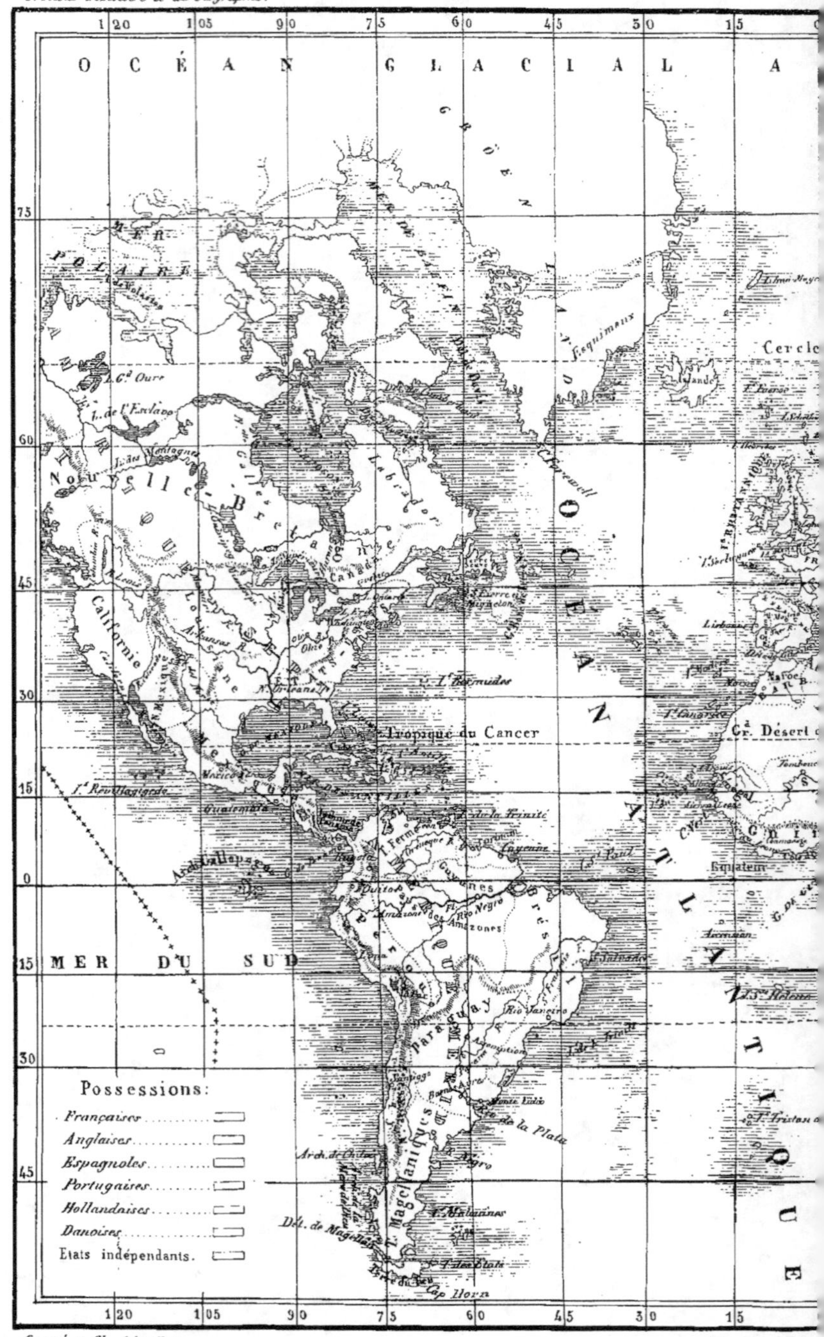
OCÉAN GLACIAL A
MER POLAIRE
Nouvelle-Bretagne
Californie
Labrador
Canada
Nouvelle-Orléans
Tropique du Cancer
Guatimala
Arch. Galapagos
MER DU SUD
Amazones
Fl. des Amazones
Rio Negro
Brésil
Paraguay
Rio Janeiro
Rio de la Plata
Arch. de Chiloé
Terre de Magellanie
I. Malouines
Dét. de Magellan
Terre de Feu
Cap Horn
OCÉAN ATLANTIQUE
Cercle
Gr. Désert
Équateur
S.te Hélène
Tristan
Possessions:
Françaises
Anglaises
Espagnoles
Portugaises
Hollandaises
Danoises
États indépendants

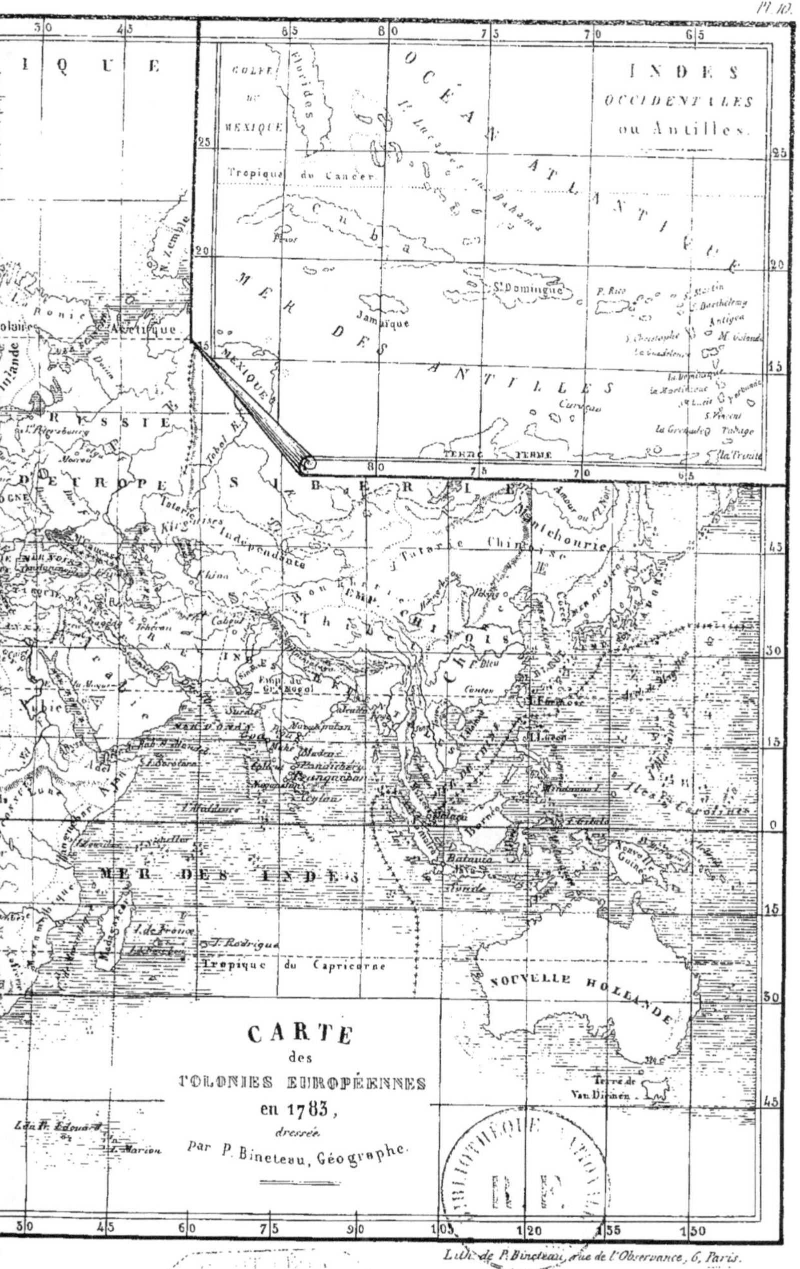
INDES
OCCIDENTALES
ou Antilles.
GOLFE DU MEXIQUE
Floride
Iles Lucayes ou Bahama
OCÉAN ATLANTIQUE
Tropique du Cancer
Cuba
MER DES ANTILLES
Jamaïque
S.t Domingue
P. Rico
S.t Martin
S.t Barthélemy
Antigoa
M. Galande
S.t Christophe
la Guadeloupe
la Dominique
la Martinique
S.te Lucie
la Barbade
S.t Vincent
la Grenade
Tabago
la Trinité
TERRE FERME
Curaçao
INDES
IQUE
E
Finlande
Pologne
RUSSIE
S.t Petersbourg
Moscou
D'EUROPE
POLOGNE
SIBERIE
Mer Noire
Tatarie Indépendante
Kirghises Indépendante
Mantchourie
Tatarie Chinoise
Amour ou Fl. Noir
Empire Chinois
PERSE
Téhéran
Cabul
Delhi
EMP. du Gr. Mogol
Surate
Goa
Bombay
Madras
Pondichéry
Calicut
Ceylan
T. Maldive
Canton
Fl. Bleu
Formose
Manille
I. Luçon
Iles Philippines
Bornéo
Batavia
Sonde
Sumatra
Java
Iles Carolines
Nouvelle Guinée
MER DES INDES
Madagascar
I. de France
I. Bourbon
I. Rodrigue
Tropique du Capricorne
Seychelles
NOUVELLE HOLLANDE
Terre de Van Diemen
I. du Pr. Édouard
I. Marion

CARTE
des
COLONIES EUROPÉENNES
en 1783,
dressée
Par P. Bineteau, Géographe.